Michel Chevalier

La Nouvelle dépréciation de l'argent

Économie

ISBN : 978-1543271669

10 9 8 7 6 5 4 3 2 1

Michel Chevalier

La Nouvelle dépréciation de l'argent

Économie

Table de Matières

La Nouvelle dépréciation de l'argent   6

La Nouvelle dépréciation de l'argent

Lorsque parut, dans la *Revue* du 1ᵉʳ avril dernier, l'étude relative à la question de la monnaie d'argent,[1] nous ne prévoyions pas qu'il dût y avoir lieu de revenir à bref délai sur ce sujet délicat ; mais les événements ont marché avec une vitesse inaccoutumée, et que pouvons-nous faire que de les suivre ? Nous nous proposons donc aujourd'hui d'examiner les incidents survenus depuis quatre mois et qui sont d'une gravité peu commune. Le premier est une délibération du sénat du 13 au 23 juin, touchant la fabrication des pièces de 5 francs, délibération où il a été prononcé de bons discours et proclamé d'utiles vérités, mais où aussi il a été fait de grands efforts, spécialement par le rapporteur, pour embrouiller la question et la rendre inintelligible. La loi votée n'est certes pas mauvaise en soi, à la condition de n'en pas séparer les commentaires donnés par le ministre des finances ; mais l'urgence du cas est tellement criante que déjà au moment du vote il y avait lieu de faire plus, et, quoique depuis lors un mois à peine se soit écoulé, le projet voté est déjà vieilli. Aller au-delà est indispensable.

Le second incident est la baisse nouvelle et précipitée que l'argent a subie depuis un mois environ. Quand la question de la déprédation de l'argent fut soulevée dans l'enceinte du sénat par une proposition de l'honorable M. de Parieu, qui poursuit le redressement de notre système monétaire avec la plus louable persévérance, — c'était au mois de mars, — la valeur de l'argent rapportée à l'or était fort différente déjà de celle qu'il a plu à quelques personnes d'imaginer, et d'ériger en principe souverain et éternel. L'écart était d'environ 10 pour 100, proportion énorme ; mais au mois de juin, quand

1 Il est bon de rappeler ici que la véritable monnaie française d'argent, la seule dont nous parlions ici, se compose exclusivement des pièces de 5 francs. Les autres pièces d'argent, de 2 francs à 20 centimes, sont du billon, parce que dès l'origine de leur émission elles ont eu une valeur nominale supérieure à leur valeur intrinsèque. Au lieu de les faire au titre de 900 millièmes de fin comme les pièces de 5 francs, depuis 1857 pour celles de 50 centimes et depuis 1865 pour les autres, on en a retiré une partie de l'argent, et leur titre est seulement de 835 millièmes. En conséquence, elles ne passent dans les paiements, de même que celles de bronze, que pour une somme limitée, et l'état s'en réserve l'émission, qui, par la soustraction d'une partie de l'argent, est lucrative : elle donne un profit de 7 pour 100. Ce billon d'argent est et sera toujours indispensable pour les appoints et les menues transactions de la vie courante.

Michel Chevalier

le sénat délibérait, il était de près de 15 : dans les premiers jours de juillet, il dépassait quelque peu 20 pour 100, et depuis il s'est accentué davantage. Le métal argent est donc présentement dépouillé de l'avantage qui lui avait fait attribuer, concurremment avec l'or, la fonction monétaire. Celle-ci suppose dans la substance qui en est investie une remarquable fixité de valeur. Un métal qui, dans l'espace de quelques mois, se déprécie de 10 pour 100 devient par cela même impropre à faire de la monnaie.

Le troisième incident sur lequel se porte justement l'attention des hommes d'état, des financiers et des hommes d'affaires est la publication toute récente du rapport d'un comité chargé par la chambre des communes d'Angleterre d'approfondir, par la voie d'une enquête, le sujet de la baisse de l'argent, d'en rechercher les causes et les effets. Ce n'est pas que l'Angleterre elle-même puisse directement être affectée de la dépréciation à un degré sensible. En Angleterre, l'argent ne joue dans la monnaie qu'un rôle effacé et subalterne : il n'y a de monnaie réelle que les pièces d'or ; toutes celles d'argent sans exception sont, comme en France les pièces d'argent au-dessous de 5 francs, du billon pur et simple que le débiteur ne peut contraindre le créancier à recevoir au-delà du montant de 2 livres sterling (50 francs). Le système monétaire est le même dans la plupart des colonies et possessions extérieures de l'Angleterre ; mais par exception, en vertu de traditions séculaires, l'empire indien, qui contient 200 millions d'habitants, est au régime de la monnaie d'argent, et la dépréciation de ce métal y a déterminé une perturbation profonde. Le comité d'enquête a fait comparaître devant lui les personnes de l'Angleterre qu'il a jugées les plus compétentes. Par les agents du gouvernement britannique, il a cherché et obtenu des renseignements précis sur ce qui a pu se passer relativement à son objet dans le sein des principaux états de l'Europe et dans l'Union américaine. La France lui en a fourni son contingent. Le comité a produit ainsi un rapport fort intéressant à tous égards. Il paraît que le soin de le rédiger a été confié à M. Goschen, financier éminent, qui avait un portefeuille dans le dernier cabinet Gladstone. La conclusion principale est consignée dans les lignes suivantes qui le terminent : « En ce qui concerne l'Europe, beaucoup dépend du parti que prendront les gouvernements des différents états où la question du système monétaire à adopter définitivement reste à résoudre. Votre comité n'a pas pensé qu'il lui appartînt de s'enquérir des intentions de ces gouvernements, quoique des indications à ce sujet se rencontrent dans les documents officiels fournis au comité par le ministère des affaires étrangères. A cet égard, le comité se borne à faire remarquer qu'il est évident que, si la substitution de l'or à l'argent est adoptée dans les pays où elle est praticable, et si l'or, en raison des avantages qui lui sont propres pour le commerce international, est le métal préféré même parmi les peuples pour lesquels l'argent est une habitude, l'argent étant ainsi dépossédé de la fonction qu'il avait toujours occupée d'instrument des échanges sur une superficie au moins égale à celle qui était au pouvoir de l'or, il est impossible d'assigner une limite à la dépréciation inévitable qu'il subirait. Votre comité doit s'abstenir d'exprimer une opinion touchant la convenance de ce changement et la nécessité d'y recourir. »

Avant d'aller plus loin, il est bon de répéter ici que, contrairement à une opinion accréditée dans le public, ce n'est point l'état qui en France fabrique et émet la monnaie. A plus forte raison, la monnaie n'est point fabriquée pour le compte de l'état. Le monnayage est une industrie confiée à des entrepreneurs appelés directeurs des hôtels des monnaies, qui travaillent pour leur compte ou pour celui des particuliers, dans des conditions fixées par le gouvernement et sous le contrôle permanent et vigilant de l'administration des monnaies. Tout particulier qui a des lingots a le droit de les faire monnayer. Le billon d'argent ou de cuivre fait exception à cette règle parce que c'est une émission qui donne de beaux profits que l'état a dû se réserver. Il a pour cela des arrangement avec les directeurs des hôtels des monnaies. L'état a pu quelquefois se trouver détenteur des matières d'or et d'argent, et alors il les a fait monnayer de la même manière que s'il eût été un particulier. Une des conséquences directes et inéluctables de la forte et croissante dépréciation que subit l'argent depuis quelques années, c'est le renversement définitif d'une aberration contre laquelle les plus solides esprits s'étaient prononcés déjà dans le XVIIe siècle, et que par les raisonnements subtils dont l'avaient enveloppée des esprits ingénieux, M. Wolowski et M. Cernuscbi, entre autres, on était parvenu a rendre attrayante ; nous voulons parler de la doctrine du double étalon monétaire. Cette doctrine, telle qu'elle est

Michel Chevalier

formulée par ses propagateurs les plus dévoués, de MM. Wolowski et Cernuschi à M. Rouland, est radicalement fausse : non en ce qu'elle autorise et prescrit la circulation simultanée, autant que possible, de deux métaux précieux, l'or et l'argent, dans chacun des pays civilisés. La circulation simultanée a été poursuivie avec sollicitude par tous les gouvernements européens avant le XIXe siècle. La règle qu'ils suivaient assez confusément, et qui était rationnelle, consistait à proportionner la valeur relative des espèces monnayées des deux métaux, d'après le cours respectif des lingots. Si le succès n'a pas répondu toujours à ces efforts, on a eu pourtant des réussites momentanées et même durables, qui recommençaient moyennant un changement nouveau dans le rapport légal entre la valeur des deux métaux, de manière à le rendre toujours conforme au rapport entre les lingots dans le commerce. Ce n'était même pas absolument le double étalon, puisqu'on avait l'habitude assez régulière de rapporter l'or à l'argent. Le côté faible du système était la fréquence de changements de rapport entre les lingots par l'effet du libre mouvement du commerce, ce qui, si on avait voulu les suivre, eût imprimé une très grande mobilité au rapport entre les monnaies des deux métaux, et cet inconvénient a été en s'aggravant de jour en jour, parce que le commerce de l'or et de l'argent, autrefois soumis à beaucoup de restrictions et d'entraves, est devenu de plus en plus libre et facile. Mais les sectateurs modernes du double étalon, en cela moins logiciens et moins observateurs des faits que les gens des siècles antérieurs, ont compliqué la théorie ancienne de la double monnaie, comprise comme nous venons de le dire, d'une disposition inconnue jusqu'à eux, que rien assurément ne légitimait, qui est une pure fantaisie, et qui a absolument vicié leur programme : c'est de soutenir que le rapport de valeur entre les deux métaux précieux doit être exprimé dans la loi par un nombre fixe, immuable, 15 1/2.

Ainsi, suivant eux, la loi devrait porter que 15 kilog. 1/2 d'argent sont l'équation éternelle d'un kilogramme d'or. Ils prétendent même, ce qui est un peu fort, que les auteurs de la loi fondamentale des monnaies françaises, celle du 7 germinal an XI, l'avaient expressément entendu ainsi, et que le texte de la loi l'indiquait effectivement. Le fait est que l'exposé des motifs, les documents annexes et la contexture de la loi de l'an XI disent tout le contraire.

La Nouvelle dépréciation de l'argent

N'importe, ils tenaient bon. Par leur imperturbable assurance et par une multitude de petites raisons entassées les unes sur les autres, ils gagnaient des prosélytes. Des hommes qui s'étaient fait de la réputation par leurs écrits économiques leur envoyaient leur soumission. Des notables de la bureaucratie s'inclinaient devant leur système, et ils montaient triomphants au Capitole lorsque l'expérience s'est montrée contre eux et a foudroyé, non pas leurs personnes, grâces à Dieu, mais leur système.

Il faut pourtant bien, puisque l'intérêt de la vérité l'exige, que je motive ce qui vient d'être dit, que les avocats modernes du double étalon, avec leur nombre idolâtré de 15 1/2, sont en arrière non-seulement des économistes et publicistes du XVIIe siècle, mais des hommes publics des siècles antérieurs. Dans les monarchies européennes, depuis qu'on a englobé dans la monnaie les deux métaux, les actes de l'autorité royale, dont l'objet était de faire rester les deux métaux dans la circulation l'un à côté de l'autre, suivaient un procédé uniforme consistant à modifier le rapport légal entre les pièces de monnaie respectives, au moyen de la refonte des pièces d'un des deux métaux, le plus habituellement de l'or,[1] afin de reproduire dans les monnaies le rapport entre les lingots dans le commerce. Un des exemples curieux qu'on en pourrait citer est l'édit que la reine Isabelle rendit à Médina en 1497. Le Nouveau-Monde était découvert depuis cinq ans. La quantité modique d'or, trouvée dans les Grandes-Antilles, arrivant dans l'Espagne alors très pauvre, avait suffi pour y déterminer une baisse de l'or. Les conseillers de la reine n'imaginèrent pas de prétendre que l'or avait tort de baisser relativement à l'argent, ou l'argent de hausser relativement à l'or. Il ne leur vint pas à l'idée que l'or et l'argent devaient être liés dans leurs valeurs respectives par un rapport inflexible. Ils pensèrent tout ingénument et fort sagement que, l'or s'étant déprécié en comparaison de l'argent dans le commerce, il convenait de modifier proportionnellement le rapport de valeur des monnaies des deux métaux. Le rapport légal des deux métaux monnayés était auparavant exprimé par le nombre 11 6/10e ; l'édit de Médina le rabattit à 10 7/10e.

---

1 On a souvent aussi refondu les monnaies d'argent ; mais c'était le plus souvent pour les altérer. L'ancien régime, chez nous et chez la plupart des peuples, a été faux-monnayeur.

Michel Chevalier

Il n'est pas superflu de faire remarquer que le système du double étalon, avec l'accompagnement indissoluble du rapport de valeur entre les deux métaux, formulé par le nombre 15 1/2, a puisé une certaine influence dans l'organisation de l'union dite latine. C'est une association, solidaire pour le fait des monnaies, qui fut établie par une convention du 9 décembre 1865 entre la France et trois états limitrophes, l'Italie, la Belgique, la Suisse. La monnaie d'or et la monnaie d'argent, qui étaient les mêmes dans les quatre pays, doivent, aux termes de cet acte, conserver cette uniformité, avec la faculté de circulation réciproque, jusqu'à la date, malheureusement reculée, de 1880. C'était un engagement contracté en faveur du nombre 15 1/2, quand bien même les faits auraient détruit celui-ci. On se flattait de l'espoir, qui ne s'est pas réalisé, de généraliser dans le monde par ce moyen le système monétaire de la France. L'existence actuelle, pour un certain nombre d'années, de l'union latine est la source d'une partie des embarras que nous cause aujourd'hui l'affaire des monnaies ; on le verra dans un instant.

Le changement brusque qu'a éprouvé la cote de l'argent dans le commerce a été comme un coup de massue pour le système du double étalon, et aurait dû en ramener les partisans à une opinion toute différente. Cette cote parle si haut, qu'il semblerait qu'il ne reste plus aux partisans du double étalon, enthousiastes du nombre 15 1/2, d'autre alternative que de se soumettre. La cote de Londres, qui est le principal marché pour l'argent comme pour l'or, révèle que l'équivalent d'un kilogramme d'or n'est plus la quantité de 15 kilogrammes et demi d'argent qu'on avait lieu de présenter comme telle en l'an XI ; c'est à peu de chose près 19 kilogrammes. L'écart qui s'est manifesté depuis 1870 entre les valeurs respectives de l'or et de l'argent est presque aussi grand que celui qui avait mis trois siècles et demi à se produire, après la découverte de l'Amérique. La doctrine du double étalon, qu'on ne craint pas de recommander encore avec l'annexe du nombre 15 1/2, est donc tout simplement anéantie.

Qu'une doctrine philosophique ou scientifique ait un échec, habituellement ce n'est pas pour la société de grande conséquence, du moins par les effets immédiats. Le monde continue de marcher, les affaires humaines, publiques et privées, suivent leur cours comme devant. Qu'en philosophie le système des idées innées soit renversé ou triomphe, qu'en chimie le phlogistique soit détrôné par l'oxygène, qu'en histoire naturelle Darwin soit vainqueur ou qu'il soit vaincu, l'agriculture, les manufactures et le commerce ne s'en ressentent pas ; la prospérité publique sera ce qu'elle était la veille. Ce n'est pas à dire cependant qu'à la longue il soit indifférent pour la puissance, la splendeur et la richesse même des états, que les intelligences soient obscurcies et déprimées par l'erreur ou éclairées et élevées par la vérité. Ce que nous venons de dire des autres sciences est applicable à beaucoup de questions de l'ordre économique. Ainsi, que la théorie de Ricardo sur la valeur ou sur la rente ou celle de Malthus sur la population soit au pinacle ou dans le délaissement, il n'en résulte pour les intérêts aucun ébranlement à courte échéance ; mais pour la monnaie, quand une doctrine erronée, comme celle qui érige en axiome ou en dogme le rapport exprimé par le nombre 15 1/2 et l'investit de l'immortalité, a pris pied dans les régions officielles, lorsque sous cet entraînement l'autorité agit ou laisse marcher les événements comme si cette bévue était une des bases de la bonne administration de l'état, un moment arrive où la vérité et le bon sens violentés se font jour au travers des faits avec une force irrésistible. Une crise éclate dans le système monétaire du pays et jette le trouble dans les affaires. Comme, selon les termes de l'exposé des motifs de la loi des monnaies de l'an XI, il y a une relation intime entre la sécurité de la propriété et la constitution bonne ou mauvaise de la monnaie, les intérêts divers, fonciers ou mobiliers, agricoles ou manufacturiers, sont plus ou moins ébranlés et compromis. La société paie alors la faute qu'on a commise, l'abandon qu'on a eu pour des sophismes artistement déguisés.

Chez nous, la crise se manifeste en effet. Elle était déjà flagrante et se présentait avec des caractères menaçants quand, au mois de mars dernier, le sénat aborda la question de l'avilissement de l'argent et des mesures à prendre pour y parer ; mais elle est plus redoutable aujourd'hui. Si l'on n'avise par des mesures intelligentes, fermement mises en pratique, elle ne peut guère manquer d'être suivie de la perturbation d'un grand nombre d'intérêts. Voilà ce que la société française aura gagné à laisser placidement organiser son système monétaire contrairement à l'esprit même de ses lois. Sur la foi de cette fiction, qu'un kilogramme d'or vaut nécessairement

Michel Chevalier

et fatalement 15 kilogrammes et demi d'argent, on s'est endormi dans une espèce de sécurité béate, et en se réveillant aujourd'hui on trouve par terre le château de cartes qu'on prenait, sur la parole de beaux diseurs, pour un édifice de granit ; on découvre qu'il a été écrasé par les événements, et que de par la force des choses le rapport surnaturel exprimé par le nombre 15 1/2 doit être relégué parmi les fables. Dès lors il y a une forte résolution à prendre, et sans retard, parce que le danger s'aggrave chaque jour.

La proposition dont M. de Parieu avait pris l'initiative au mois de mars, et qui fournissait au premier corps de l'état une belle occasion de déployer son savoir et sa fidèle appréciation de l'intérêt public, consistait dans la suspension de la fabrication des pièces de 5 francs en argent. La suspension aurait eu lieu en vertu d'une loi. Le ministre des finances, saisissant le caractère d'utilité et d'opportunité de la proposition, eut le bon esprit de se l'approprier au nom du gouvernement, avec une modification qui n'avait rien de radical : il apporta au sénat un projet de loi conférant au gouvernement la faculté de restreindre et même de supprimer quand il le jugerait opportun la fabrication de ces pièces.

Sous des accoutrements divers, c'était en réalité le même enfant qui était présenté au Sénat par deux paternités fort honorables, car les deux projets avec des rédactions passablement différentes tendaient au même but : la suspension de la fabrication de la pièce d'argent de 5 francs, la seule, on l'a vu, qui soit de la monnaie dans la pleine acception du mot. M. de Parieu voulait très distinctement que cette fabrication cessât. Voici en effet sa formule : « à partir de la promulgation de la présente loi et jusqu'à ce qu'il en soit autrement ordonné, il ne sera plus délivré de bons de monnaie pour la fabrication de la monnaie d'argent à 9/10es de fin, » c'est-à-dire, dans le haut style de la métaphysique administrative : les particuliers, à partir de tel jour, n'auront plus le droit de fabriquer des pièces d'argent de 5 francs, car ce sont les seules qui soient au titre indiqué de 9/10es. L'interdiction était prononcée sauf l'autorisation antérieure répondant aux bons de monnaie déjà délivrés. Le gouvernement disait : « La fabrication des pièces de 5 francs pour le compte des particuliers pourra être suspendue par décret.[1] » Ainsi M. de Parieu parlait au positif, et avec lui la

1 C'est la rédaction définitive, telle qu'elle a été votée le 23 juin. La rédaction

suspension était une mesure bel et bien décidée, dès la promulgation de la loi. Le gouvernement semblait n'en parler que comme d'une éventualité subordonnée à sa volonté ultérieure ; mais au cours du débat le ministre des finances a déclaré à plusieurs reprises qu'avec la dépréciation telle qu'elle était aucun particulier ne serait autorisé à faire fabriquer des pièces de 5 francs d'argent. Dans la séance du 13 juin entre autres, il a dit que « dans les circonstances actuelles il serait extrêmement malheureux de laisser à des particuliers les opérations » dont il s'agissait. En réalité donc on était d'accord sur le fond ; on l'était même en principe, mais sous des réserves formulées par le ministre, qu'il est utile de connaître et que nous signalerons dans un instant, au sujet d'une pratique très importante : la fabrication possible au compte de l'état et à son profit de ces pièces de 5 francs.

Le but étant le même, il y avait pourtant une distinction à faire entre les deux projets : M. de Parieu voulait que la loi agît par elle-même et eût d'elle-même son plein effet. Le ministre entendait que l'action fût dévolue à sa discrétion au moyen d'une délégation portée par la loi. Vu la gravité des actes à accomplir, M. de Parieu était plus que le ministre dans la saine doctrine du gouvernement parlementaire ; mais le même résultat étant atteint quant à présent d'une manière aussi bien que de l'autre, il faudrait avoir l'esprit pointilleux pour se quereller là-dessus. Il faut rendre aussi au ministre cette justice, qu'il reconnaissait qu'on était sur un terrain mouvant et que prochainement le pouvoir législatif devrait traiter la question de nouveau, car il assignait à la durée de la loi un terme précis et peu éloigné, janvier 1878.

L'affaire de la fabrication par l'état des pièces de 5 francs d'argent, pendant la suspension qui existerait à l'égard des particuliers, a occupé une grande place dans la discussion du sénat. M. de Parieu y est très ouvertement favorable. Le ministre des finances, organe du gouvernement, fait au sujet de l'intervention de l'état dans le monnayage une distinction et des réserves qui nous semblent justes et opportunes. Il croit que, d'une manière générale, l'état est investi du droit qu'ont les particuliers d'envoyer aux hôtels des monnaies les matières d'or et d'argent dont ils peuvent être les possesseurs, pour qu'on les leur rende sous la forme d'espèces

première ne contenait pas ces mots : « pour le compte des particuliers. »

Michel Chevalier

monnayées. Il a rappelé que le gouvernement en avait usé dans d'autres temps sans que personne en fît le sujet d'une critique. Ce droit général du gouvernement qu'a réclamé le ministre n'est pas douteux. Nous partageons aussi son opinion sur ce point, que dans la circonstance présente il ne convient point de s'en servir. Il en a donné une raison qui nous semble excellente, à savoir que dans un cas tel que celui d'aujourd'hui, le gouvernement ne doit pas être l'artisan de la multiplication de ces compromettantes pièces de 5 francs d'argent dans le pays.

M. de Parieu n'a pas été le seul à se déclarer en faveur de la fabrication au compte de l'état des pièces de 5 francs pendant la suspension du monnayage pour le compte des particuliers ; deux autres sénateurs, M. de Ventavon, jurisconsulte distingué, et M. Hervé de Saisy, qui pourtant s'est montré versé dans la matière des monnaies, ont proposé que l'état fît frapper de ces pièces désormais à l'exclusion des particuliers ; mais leurs amendements ont été repoussés. La pratique de deux gouvernements, l'un et l'autre membres de l'union latine, fournissait un précédent de nature à faire impression, mais qui ne méritait pas de faire loi. Ces deux gouvernements aujourd'hui font monnayer des lingots d'argent en pièces de 5 francs dans la limite fixée, pour chacun des états de l'union, par une conférence annuelle. Dans le principe, chacun des états de l'union était libre de fabriquer en monnaie d'or et d'argent tout ce qui lui plaisait ; mais depuis 1873, la monnaie d'argent étant, par la dépréciation du métal, sujette à caution à cause du bénéfice toujours croissant et non justifié qu'elle procure, les différents états de l'union latine sont convenus d'en limiter la fabrication.[1] De là les conférences annuelles où l'on détermine le lot de chacun. Les deux gouvernements belge et italien excluent les particuliers de toute participation à ce monnayage, afin que l'état seul en recueille tout le fruit, qui présentement est fort séduisant : pour chaque million qu'ils frappent, c'est, au cours actuel des lingots d'argent, de 200,000 à 250,000 francs, — belle mine à exploiter, on le voit. Mais, il faut le dire, l'opération est d'une probité problématique. L'émission des monnaies d'argent sur le pied ancien de 25 grammes

---

1 Par des raisons faciles à concevoir, le billon d'argent, qui est reçu dans tous les états de l'union latine, a été dès l'origine de l'union soumis à une limitation qui dépendait du chiffre de la population.

La Nouvelle dépréciation de l'argent

au titre de 9/10es de fin par pièce de 5 francs, est un préjudice causé à la société, une violence exercée envers les créanciers qu'on force, le texte de la loi à la main, de recevoir pour 5 francs, c'est-à-dire pour le quart d'une pièce d'or de 20 francs, et en quantité indéfinie, des pièces qui en réalité sont loin de valoir 5 francs, depuis que la monnaie d'or domine dans la circulation, et que l'usage s'est établi de compter en or.

En conscience, prolonger par un procédé quelconque et en laissant cette faculté à qui que ce soit, particuliers ou gouvernements, la fabrication des pièces d'argent dites de 5 francs, depuis que le métal est tant déprécié, c'est faire subir au système monétaire une altération profonde qui, sans être criminelle comme celle que se permettent les faux-monnayeurs, n'est pas sans avoir des traits de ressemblance avec elle dans ses effets. La comparaison n'est pas flatteuse, mais dans un cas aussi bien que dans l'autre on donne au public comme ayant une certaine valeur un disque de métal qui vaut moins. Assurément il serait injuste de confondre les deux actes dans la même réprobation. Le faux-monnayeur sait qu'il est en révolte contre la loi ; le particulier qui aujourd'hui fait convertir à l'Hôtel des monnaies des lingots d'argent en pièces de 5 francs ne viole point la loi. Il profite de ce que, par le changement des circonstances, quelques-unes des prescriptions de la loi de l'an XI sont devenues défectueuses, et de ce que le gouvernement a omis d'en poursuivre la réforme, bien que ce fût son devoir. Mais l'intérêt social est lésé dans les deux cas, et la lésion est, dans l'un aussi bien que dans l'autre, proportionnelle à l'écart entre la valeur effective de la monnaie émise et la valeur mensongère que lui attribue le faux-monnayeur, ou la valeur légale qu'elle tire d'une législation surannée, mais non abrogée.

Telle étant la portée de l'acte qui consiste à apporter à l'Hôtel des monnaies, dans les circonstances présentes, des lingots d'argent pour les échanger, poids de fin pour poids de fin,[1] contre des pièces de 5 francs conformes au type indiqué par la loi de l'an XI, quelle conduite doit tenir un gouvernement qui se respecte et respecte son public ? Ne craignons pas de le dire : du moment qu'il interdit aux particuliers le monnayage dont il s'agit, il doit à plus forte raison se l'interdire à lui-même, et c'est pour cela que M. Léon Say doit être

1 Sauf une retenue de moins de 1 pour 100 pour couvrir les frais de monnayage.

Michel Chevalier

félicité du langage qu'il a tenu à cet égard. Strictement parlant, le particulier est dans son droit lorsqu'il use d'une faculté que la loi lui confère et que, par un oubli regrettable, on a laissé subsister, alors qu'elle était périmée en vertu des faits qui doivent servir de règle ; mais le cas d'un état bénéficiant de cet ordre de Choses, que son devoir était de réformer, est pire que celui du particulier qui suit la voie qu'on aurait dû fermer et que l'incurie ou l'inertie du gouvernement a laissée ouverte. Cet état ne peut prétendre qu'il ignore que la pratique à laquelle il se livre soit dommageable pour la société, puisque c'est la raison pour laquelle il l'a interdite aux particuliers. L'excuse d'un lucre pour le trésor public n'est pas admissible non plus. Un état ne peut rechercher un profit que par des moyens avoués de la morale et de l'intérêt public. D'ailleurs le lucre prétendu ne serait vraisemblablement qu'une illusion, car le jour où l'état sera forcé de démonétiser ces pièces dîtes de 5 francs et légalement qualifiées de telles, il peut avoir à les rembourser en or avec une perte aussi forte que le bénéfice de l'émission, sinon supérieure. Comment l'histoire moderne aurait-elle le droit de déverser un blâme sévère sur Philippe le Bel à cause de ses manœuvres sur les monnaies, si l'on reconnaît comme légitimes et honnêtes les agissements monétaires du gouvernement belge et du gouvernement italien au sujet, des pièces d'argent de 5 francs ?

Outre que, depuis le vote du sénat, les faits inquiétants se sont caractérisés bien plus fortement, et appellent d'urgence des mesures plus efficaces, il n'est pas désirable que le projet de loi voté par le sénat obtienne l'assentiment de la chambre des députés, parce que la discussion du sénat a été incomplète et tronquée. On s'y est abstenu, on ne sait pourquoi, d'y user des raisons qui étaient les plus péremptoires. C'est ainsi qu'on n'y a point mentionné, si ce n'est de la façon la plus sommaire, un document où les informations abondent et dont les conclusions sont supérieurement motivées. Le sénat a discuté comme s'il n'y avait pas eu une enquête faite par les soins du conseil supérieur du commerce en 1869 et 1870, et dont les procès-verbaux forment deux gros in-4° imprimés à l'Imprimerie nationale.

Nous avons sous les yeux cette enquête. Il y en a rarement eu une plus complète. On y a entendu des hommes distingués et compétents, appelés du dehors de la France aussi bien que choisis au dedans. Les séances ont commencé le 9 décembre 1867 et se sont prolongées jusqu'au 29 juillet 1870.[1] L'audition et l'interrogation des témoins ont été approfondies, de même que la discussion entre les membres du conseil. Vingt-quatre longues séances ont été consacrées aux témoins, cinq aux débats intérieurs du conseil. Tout ce qui s'y est dit est consigné dans des procès-verbaux remarquables de lucidité, et dont la rédaction a été revue par les personnes mêmes qui avaient pris la parole. Le tout a été résumé dans un excellent rapport de M. de Lavenay, président de la section des finances au conseil d'état, qui remplissait les fonctions de commissaire-général. Des tableaux détaillés indiquent les votes de chacun des membres du conseil et les opinions des déposants sur les divers points mis en délibération. C'est une bonne fortune de rencontrer des enquêtes pareilles. Comment donc celle-ci a-t-elle été passée sous silence au sénat ? Serait-ce qu'il n'y ait pas eu de majorité réelle au sein du conseil supérieur et que cette assemblée ait été prise de cette maladie de l'indécision et de l'ajournement qui affecte les corps politiques à l'heure présente ? Aucunement. Les circonstances étaient loin de l'urgence qui nous presse aujourd'hui. La monnaie d'or dominait dans le pays, mais la dépréciation de l'argent était nulle. C'est ce que fit observer alors le gouverneur de la Banque, M. Rouland, un des principaux témoins entendus. Quelle différence avec le moment actuel, où l'on est talonné par une baisse de plus de 20 pour 100 ! Le gouvernement n'exerça pas l'ombre d'une pression. Le conseil supérieur du commerce opérait et délibérait donc dans des circonstances où tout le conviait au calme, où sa liberté d'esprit était entière et où il devait nécessairement arriver à des conclusions dignes de passer dans les lois et dans la pratique. On vit clairement que le système des monnaies françaises ne pouvait rester tel qu'il était, qu'il existait dans la civilisation un courant qui poussait les nations grandes et riches à adopter l'or pour la base du système monétaire, que ce dernier métal devait être l'instrument principal des échanges internationaux, que la France en était abondamment pourvue et qu'elle pourrait se défaire à peu près sans perte de l'excédent d'argent qui lui resterait après qu'elle aurait suffisamment développé le billon fait de ce métal. En un

---

1 On peut dire que le travail du conseil supérieur s'était terminé à la séance précédente, qui est le 14 juin.

Michel Chevalier

mot, après un mûr examen, on eut l'opinion très ferme que ce qu'il y avait de mieux à faire était de s'approprier le système monétaire de l'Angleterre, qui est consacré par l'expérience et qui se résume ainsi : l'or pour étalon unique, l'argent pour les appoints et pour les petits paiements de la vie domestique.

Le rapport du commissaire-général constate que sur la question de l'étalon unique d'or, vingt-trois membres du conseil ayant voté, dix-sept se sont prononcés affirmativement ; six seulement ont demandé le maintien du régime dit du double étalon, avec le rapport de 15 1/2 entre les deux métaux. Au sujet des pièces d'argent de 5 francs, le commissaire-général résume la délibération en ces termes : « Quant à la pièce de 5 francs en argent, la majorité a pensé qu'il y avait lieu d'en interdire la frappe pour l'avenir, et quelques membres ont émis l'avis qu'on pourrait limiter la part que cette pièce devrait prendre dans les paiements à faire. »

L'enquête du conseil supérieur avait été précédée par une conférence internationale qui eut lieu à Paris pendant l'exposition universelle de 1867, à l'occasion de laquelle de toutes les parties de l'Europe et du monde on s'était donné rendez-vous dans cette capitale. Le prince Napoléon en était le président et en remplit effectivement les fonctions. Elle tint huit séances du 17 juin au 6 juillet. On y traita principalement la question d'une monnaie universelle qui devait faciliter et simplifier les échanges internationaux, dont l'accroissement était rapide. L'opinion y fut presque unanime en faveur de l'or pour étalon unique, quoique à ce moment l'argent n'éprouvât aucune dépréciation et qu'il eût plutôt une prime relativement à la proportion de 15 1/2 d'argent considérée comme l'équivalent de 1 d'or.

La guerre de 1870-71 empêcha de donner une suite quelconque à l'enquête du conseil supérieur, terminée juste au début des hostilités. Sans cela, il est vraisemblable qu'il aurait été procédé alors à la réforme du système monétaire, conformément aux conclusions du conseil. Le commissaire-général estimait dans son rapport qu'il restait en France, à l'époque de l'enquête, 1 milliard 1/2 de francs en pièces de 5 francs en argent. Si l'on eût admis provisoirement que ces pièces continueraient d'être reçues en paiement jusqu'à concurrence de 100 francs, il en aurait été peu rapporté au trésor, et les frais de la démonétisation, — en appelant ainsi le fait de dépouiller les pièces d'argent du droit de solder les dettes sans limite, — eussent été très médiocres, la dépréciation de l'argent étant encore insensible à la fin de 1870.

Après le rétablissement de la paix, le gouvernement français dut consacrer son attention et ses efforts à panser beaucoup de blessures de toute sorte. Cependant la question des monnaies d'argent vint bientôt s'imposer à lui, à cause des inquiétudes que conçurent quelques-uns au moins des états membres de l'union latine, et nommément la Belgique. La baisse de l'argent se prononçait plus fortement. En 1872, elle fut de 3 pour 100, ce qui n'était guère, mais en 1873 elle s'accentua davantage, et il y eut dès lors un. intérêt très appréciable à importer pour les faire monnayer des lingots d'argent dans les états de l'union latine, puisque ces états s'étaient enchaînés à observer dans leurs monnaies, entre l'or et l'argent, le rapport exprimé par le nombre 15 1/2 désormais relégué dans les catacombes de l'histoire. C'était le cas de reprendre vite, pendant que le mal avait encore des proportions restreintes, les conclusions de l'enquête du conseil supérieur du commerce, en adoptant résolument l'étalon unique d'or et en faisant à l'argent un sort transitoire. Mais en France l'administration des finances avait, sans bien savoir pourquoi, et de vieille date, le culte du double étalon et une admiration mystique pour le nombre 15 1/2. L'influence des délégués français, pour la plupart acquis à ces opinions erronées, s'exerça en faveur des idées de temporisation dans les conférences de l'union latine. On était persuadé dans les bureaux des finances que ce nombre momentanément éclipsé ne tarderait pas à revenir et à briller d'un éclat plus vif que jamais. Les Italiens, qui ne gardent pas pour leur usage la monnaie qu'ils frappent, parce qu'ils sont en plein au régime du papier-monnaie, même pour les moindres coupures, calculèrent qu'il fallait maintenir le monnayage de l'argent en pièces de 5 francs, parce que, aussitôt après les avoir frappées, ils nous les renverraient avec profit. Ils se prononcèrent donc comme la France pour la continuation de la fabrication de ces pièces. Les Belges firent de même, mus aussi par une pensée égoïste pour l'état, à qui ils se flattaient de procurer de beaux profits en lui réservant absolument tout ce monnayage, sans prendre en considération les pertes ultérieures qui pourraient résulter de cette opération téméraire et répréhensible au point de

Michel Chevalier

vue de la moralité. Dès 1873, le parlement belge, sur la proposition du gouvernement, vota une loi à cet effet. A partir de ce moment, l'union latine se livra à ce système de mesures bâtardes signalé plus haut, qui a eu deux degrés : 1° l'attribution aux différents états d'un monnayage en pièces d'argent de 5 francs d'un montant spécifié ; 2° l'absorption, par l'état, dans les pays qui pourraient le désirer, de ce monnayage réservé ou toléré. Les états qui n'ont pu résister à l'appât de ce beau gâteau d'argent et qui se complaisent à le dévorer sont les deux que nous avons nommés, la Belgique et l'Italie. Plus le temps a marché, plus le nombre 15 1/2, pour lequel diverses personnes très influentes avaient un engouement passionné, a été distancé ; mais plus l'idéologie qui caresse ce nombre a été démentie par les faits, et plus ses fidèles se sont opiniâtrés à croire qu'il serait rétabli sur sa base par la divine Providence, qu'on suppose s'y intéresser.

La Suisse, qui mérite d'être classée à part du reste de l'union latine pour sa conduite remarquablement intelligente, digne et résolue, a voulu faire revenir ses associés de la fausse voie où l'union s'était laissé induire. Elle a été d'avis qu'on cessât d'adorer l'idole du double étalon, et qu'on tînt pour ce que c'était, c'est-à-dire pour une chimère, le rapport prétendu permanent de 15 1/2. Elle a répudié comme un présent inacceptable l'offre qu'on lui a faite tous les ans d'un lot dans le monnayage de l'argent. Elle a recommandé qu'on se ralliât au système monétaire qui a si bien réussi à l'Angleterre. Elle en a été pour ses frais d'éloquence. La France, dominée par la routine de quelques personnes considérables auxquelles on a eu la faiblesse de permettre qu'elles s'érigeassent en arbitres, la Belgique et l'Italie, cédant à des calculs égoïstes, mais chanceux, sur le profit à attendre pour l'état de la fabrication des pièces d'argent de 5 francs, ont, éconduit les négociateurs suisses, MM. Kern, Feer-Herzog et Lardy, et comme pour montrer que l'union n'était pas compromise par le fait d'être fondée sur la notion du double étalon et le nombre 15 1/2, on y a incorporé la Grèce, qu'on est fort étonné de voir apparaître en cette affaire. Quelle force l'adhésion du gouvernement grec peut-il apporter à l'union et comment rentre-t-elle dans l'union latine ? Besogneux comme il est, il a fait le même calcul que les Belges et les Italiens, et il est enchanté de l'aubaine.

Avec ces manières d'agir quelle situation a-t-on faite déjà à

La Nouvelle dépréciation de l'argent

notre patrie et quelle perspective lui ouvre-t-on pour le fait des monnaies ? Nous trouvons de nombreux éléments de la réponse à cette question dans le rapport de la commission d'enquête choisie par la chambre des communes en Angleterre, à l'effet d'examiner les causes et les effets de la dépréciation de l'argent. Voici quelques simples faits concernant la France que nous ramassons dans ce rapport : Dans les quatre années terminées au 31 décembre 1875, la quantité nette du métal argent que la France a reçue par délace qu'elle a exporté est de 837 millions de francs.[1] Pendant les quatre années précédentes, terminées le 31 décembre 1871, ce n'avait été que 271 millions de francs, et dans la période pareillement de quatre années, antérieure à celle-ci, c'était fort au-dessous de cette dernière somme.

Ainsi l'argent s'accumule en France dans de fortes proportions, par suite des dispositions, correctes en l'an XI, mais devenues vicieuses et contraires aux faits, qu'ont perpétuées le législateur et l'administration. En supposant une dépréciation de 20 pour 100, la perte sur les 837 millions est de 209. Pour une bonne part, ce sont nos anciennes pièces de 5 francs, éparses en Europe et au loin, qui nous rentrent parce qu'on fait un commerce très productif par la simple opération de venir chez nous les échanger contre de l'or.

Autre fait non moins éloquent : En 1871, la Banque de France n'avait en pièces de 5 francs que 70 ou 80 millions de francs. Elle en avait, en avril dernier, 540 millions. Mais la Banque de France n'a pas le droit de se plaindre : elle est venue à l'enquête de 1869-1870 recommander de toutes ses forces le maintien du double étalon et le nombre 15 1/2 toujours cher à son cœur.

On voit par là quel genre d'affaires nous faisons sous le joug de la routine qui nous lie les mains. Nous sommes le seul pays dans l'Europe centrale et occidentale à qui il arrive de telles choses. L'Autriche, à laquelle nous nous croyons fort supérieurs, a mené sa barque beaucoup plus habilement que nous. Les renseignements consignés dans le document anglais montrent que depuis plusieurs années elle se défait de son argent et le remplace par de l'or. Ainsi les caves de la Banque impériale, au lieu de 99,092,000 florins

---

1 Ici et dans le reste de cette étude, noua exprimons les quantités d'argent en francs, d'après l'ancienne méthode, qui assimile le franc à 4 grammes 1/2 d'argent fin.

Michel Chevalier

d'argent qu'elles contenaient en 1871, n'en ont plus en 1875 que 66,562,000. La diminution est du tiers. En or, au contraire, on est monté de 44,403,000 à 67,851,000. L'accroissement est de moitié, et le monnayage de l'argent est devenu insignifiant dans l'empire autrichien : pour le bloc des cinq dernières années, il ne fait guère plus de 2 millions de florins ou 5 millions de francs, 1 million de francs par an.

Le grand intérêt du rapport du comité d'enquête de la chambre des communes se trouve dans l'énumération et l'examen des causes diverses qui poussent à la dépréciation de l'argent et de celles qu'on représente comme pouvant la contrarier. Les faits qui exercent aujourd'hui une influence digne d'être notée sur la valeur de l'argent peuvent se dénombrer ainsi :

1° La découverte de mines d'argent d'une grande richesse aux États-Unis dans l'état de Nevada, et la certitude de l'existence de mines du même genre dans les autres états de l'Union voisins de l'Océan Pacifique ;

2° L'adoption depuis la guerre de 1870-71 de l'étalon d'or et la suppression décidée en principe et partiellement accomplie des anciennes monnaies d'argent dans l'empire d'Allemagne, sauf à remplacer ces monnaies dans une certaine proportion par du billon du même métal. La même détermination a été prise par des états moins populeux, tels que les trois royaumes Scandinaves et la Hollande. Le changement de système monétaire dans ces diverses contrées, en Allemagne principalement, a jeté et jettera sur le marché une forte quantité d'argent. L'Autriche n'a encore rendu aucune loi qui consacre le même revirement, mais il est visible qu'elle s'y prépare ;

3° L'Union latine a suspendu le monnayage de l'argent en ce qui concerne les particuliers. Elle en a conféré le monopole aux états, mais elle a limité à des sommes définies, et qui désormais ne peuvent que décroître, le monnayage permis à chacun d'eux. En France, d'après les déclarations du ministre des finances, on doit considérer le monnayage comme terminé ; de même pour la Suisse.

4° Jusqu'ici l'Asie reculée, et dans l'Asie l'empire indien dépendant de l'Angleterre, offraient au métal argent un débouché très large.

Ce débouché s'est fort rétréci depuis quelques années.

5° Un goût de plus en plus vif se montre chez les peuples civilisés pour la monnaie d'or, parce qu'avec la même valeur elle pèse beaucoup moins, et qu'elle est bien plus aisée a compter. On aura beau faire, les nations modernes ne reprendront plus l'argent pour leur monnaie principale.

Comment, sous l'empire de circonstances pareilles, l'argent ne se déprécierait-il pas par rapport à l'ensemble des marchandises et particulièrement par rapport à l'or ? Quelles forces comparables en faveur du maintien de la circulation de l'argent sur le pied ancien pourrait-on opposer à celles-ci ?

Dans le sénat et en dehors, à l'occasion de la dernière discussion, quelques personnes ont pensé et dit qu'il ne fallait pas s'exagérer la puissance des nouvelles mines d'argent des États-Unis ; que la richesse du dépôt sur lequel on est tombé, en exploitant le filon de Comstock, pourrait bien n'être qu'un accident passager. Le comité de la chambré des communes, qui en général est très circonspect dans son langage, n'encourage pas cette manière de voir. Il met en relief la croissance rapide de la production de l'argent dans la région des États-Unis dont il s'agit. En 1860, elle n'atteignait pas un million de francs ; elle ne peut en 1876, dit le rapport, être au-dessous de 225 millions sur 450 que produira le monde entier ou du moins la partie accessible aux Européens. Le Mexique, jusque-là le pays producteur par excellence, se tient à 150. La majeure partie de la production des États-Unis est aujourd'hui le fruit d'un seul filon, celui de Comstock, qui n'est que très imparfaitement exploité encore, mais qui va l'être beaucoup mieux, grâce à la magnifique galerie navigable qu'achève, pour l'écoulement des eaux souterraines et profondes et pour le transport économique des minerais en dehors de la montagne, un mineur aussi intrépide qu'éclairé, M. Adolphe Sutro. Une des compagnies qui travaillent ce filon vient de distribuer à ses actionnaires 60 millions de francs pour 1875 sur une extraction de 85 millions. Il faudrait bien de la bonne volonté pour voir là un symptôme de décadence, une preuve de l'appauvrissement prochain du filon ; il faudrait le scepticisme du philosophe Pyrrhon pour croire que cette production extraordinaire des États-Unis va s'interrompre brusquement. Et quelle indication en a-t-on ? Des hommes du métier, des ingénieurs

Michel Chevalier

de choix, ont pénétré dans les deux principales concessions du filon, et ont pu, grâce aux vastes travaux de reconnaissance exécutés par les exploitants, constater qu'on avait sous la main des richesses immenses. Quand la production d'une mine est notoirement en croissance continue, en conclure qu'elle va s'amoindrir, serait méconnaître la logique la plus élémentaire et le sens commun. On peut même faire la remarque que les mines d'argent de la chaîne des Andes sont peu sujettes à s'épuiser. Le Potosi a bien longtemps donné des trésors ; il s'exploite encore après plus de trois siècles. Les célèbres mines du Mexique, celles de Zacatecas, de Guanaxuato et autres ont offert aussi le caractère d'une grande continuité de richesse, quoiqu'il y eût des périodes alternatives de gros revenus et de revenus médiocres.

Étant données les circonstances suivantes : l'activité sans pareille du peuple américain dans ses entreprises, sa supériorité dans les arts mécaniques, parmi lesquels se rangent celui du mineur et celui de la préparation des minerais, l'énergie, l'habileté et la promptitude avec lesquelles il trace des voies de communication perfectionnées à travers les régions qui promettent d'être très productives, les prodiges qu'il a l'habitude de faire dans l'exploitation des ressources que lui offre la nature, et enfin le grand nombre des filons d'argent épars dans les états riverains du Pacifique ; il est vraisemblable que la production de l'argent va acquérir aux États-Unis un développement plus grand encore qu'aujourd'hui. C'est une hypothèse qui a autrement de probabilité que celle de l'épuisement de ces mines d'argent. Les Espagnols, qui étaient de mauvais mécaniciens, qui ne savaient pas établir de routes praticables, et qui payaient de gros impôts sur le revenu des mines, sont parvenus à tirer 7 milliards de francs des flancs de la montagne du Potosi. Que ne retirera-t-on pas des filons du Nevada et des états circonvoisins ? Le célèbre Humboldt, qui ne connaissait pas le filon de Comstock ni les autres de la région voisine du Pacifique qu'occupent les États-Unis, mais qui avait étudié sur plusieurs points la chaîne des Andes, et après lui un observateur très distingué, M. Saint-Clair Duport, ont annoncé il y a longtemps que l'Europe serait un jour inondée de l'argent de l'Amérique. L'événement commence à leur donner raison.

On a représenté aussi qu'il se pourrait bien qu'on trouvât une mine d'or assez riche pour rétablir l'ancien équilibre entre la valeur de l'or et celle de l'argent, d'où l'on concluait bravement qu'il fallait demeurer dans le *statu quo* et ne pas abjurer le culte du nombre 15 1/2. On aurait dû dire sur quoi l'on se fondait pour mettre en avant l'hypothèse de cette trouvaille. Dans les conversations qu'on tient dans un salon pour tuer le temps, on peut s'abandonner à toutes les suppositions et se jeter à travers le terrain de l'hypothèse, qui est indéfini ; cela fait passer une heure ou deux. D'ailleurs personne ne peut prouver mathématiquement qu'il n'existe pas quelque part une mine d'or où le métal soit aussi abondant que le fer dans l'île d'Elbe, ni même qu'il n'y ait pas dans quelqu'un des archipels encore inexplorés de la Mer du Sud une île où le sable des rivières soit de la poudre d'or, et où les pierres précieuses soient tellement abondantes que les enfants y jouent au palet avec des rubis ou des émeraudes, comme ceux que Candide et Cacambo rencontrèrent dans l'Eldorado ; mais, dans les discussions sérieuses, on s'abstient de ces hypothèses gratuites, parce qu'aucun fait ne les justifie. L'hypothèse de l'incomparable mine d'or qui se trouve on ne sait où ne peut être prise en considération. Le fait est que la production de l'or est en voie de diminution et non pas d'augmentation. Elle était de près de 1 milliard il y a quinze et vingt ans, elle est tombée à 500 millions, ce qui du reste est considérable, car au commencement du siècle elle était de moins de 100. Il est vrai que la partie du filon de Comstock qu'on exploite présentement est très aurifère, mais tel ne paraît pas être le caractère général de ce filon. Parmi les filons d'argent, beaucoup sont aurifères, mais ils ne le sont en général, excepté sur des points particuliers, que dans de petites proportions. Celui du Potosi ne l'était pas du tout.

On a fait valoir aussi que l'Inde pourrait bien absorber plus du métal argent qu'elle n'en a demandé dans ces dernières années, et que le métal, trouvant de l'emploi de ce côté, se déprécierait beaucoup moins. Pendant l'espace des quatre dernières années, l'Inde n'a importé en argent que 390 millions de francs. Pendant le groupe des quatre années précédentes, elle en avait réclamé 723 millions. Il n'est certes pas défendu de croire au retour de ce dernier état des choses et même de quelque chose de mieux ; mais sera-ce tôt, sera-ce tard ? Personne n'en sait rien. L'Inde en tout cas aurait fort à faire pour remplacer même très imparfaitement le débouché

Michel Chevalier

que l'argent trouvait chez les peuples qui désertent l'étalon d'argent pour passer à l'étalon d'or.

Parmi ceux qui désirent la réforme du système monétaire de la France, personne n'a prétendu que l'argent allait être un métal sans emploi, qu'il n'en faudrait pas beaucoup même, pour les monnaies d'appoint, qu'il ne resterait pas en Asie des pays où il serait la monnaie dominante. Non-seulement l'Inde, mais la Chine, le Japon et les états qui sont les satellites de ceux-ci, ne semblent pas au moment d'y renoncer. De même l'Amérique du Sud et le Mexique. En Europe, la Russie et l'Espagne pourront y rester fidèles quelque temps ; mais en somme on n'aperçoit nulle part un débouché qui promette d'être en proportion de la production.

Cette baisse pourra et devra mettre fin à l'exploitation d'un certain nombre de mines, ce qui retardera et restreindra la dépréciation ; mais au milieu de tous ces éléments contradictoires, de toutes ces éventualités obscures, le fait culminant, c'est la quasi certitude d'une très grande production de l'argent. Tout porte à croire aussi que le rapport entre la valeur de l'or et celle de l'argent sera pendant longtemps. mobile. Dès lors le rapport exprimé par le nombre 15 1/2 n'est plus qu'un fait du passé spécialement propre aux trois premiers quarts du XIXe siècle, et ne mérite plus qu'où y attache de l'importance. Le comité de la chambre des communes établit comme il suit la balance entre la quantité d'argent jetée sur le marché et la distribution de cet approvisionnement pour la période quadriennale close le 31 décembre 1875 :

Argent livré au marché général.

Extraction des mines (en millions de francs)	1,367 1/2
Métal démonétisé vendu pour l'Allemagne et la Scandinavie.	200
Sorti d'Italie	200
Sorti d'Autriche	100
Total	1,867 1/2

Pays de placement.

L'Inde (en millions de francs)	227 1/2
La France	837 1/2
La Russie	100
L'Espagne et le Portugal	100
L'Angleterre	125
Les **États-Unis**	190
Le Japon et la Chine	187 1/2
Le reste de l'Asie	75
Total	1,842 ½*

*La concordance n'est pas parfaite ; mais c'est beaucoup d'arriver à une pareille approximation.

Signalons comme une simple remarque qu'aujourd'hui, en 1876, la production des mines est déjà bien plus forte que la moyenne des quatre années antérieures.

Dans cette conjoncture, que faire ? Et d'abord peut-on se dispenser de faire quelque chose ? Faut-il laisser monter un flot qui nous encombre d'une monnaie rapidement avilie en nous emportant une autre monnaie, celle d'or, qui n'éprouve rien de pareil ? Dans la discussion du sénat, un seul orateur a soutenu cette opinion ; il est vrai que cet orateur n'était rien moins que le rapporteur de la commission, M. Rouland, par lui-même un personnage, et parlant au nom d'un autre personnage haut et puissant, celui-là collectif, la commission chargée de l'examen du projet de loi et des propositions annexes. Suivant M. Rouland, tout est au mieux. Voici ses paroles tirées de *l'Officiel* : « Qu'on me permette d'affirmer ce que je vais établir pièces en mains ; il n'y a aucun danger. Les Choses sont en France ce qu'elles doivent être. » Or le 23 juin, quand M. Rouland s'exprimait ainsi, la baisse de l'argent était énorme, de 15 pour 100, et ne devait pas s'arrêter là. Est-ce là ce qui *doit être* ? Il était difficile d'établir *pièces en mains* que ce ne fût pas très grave. Lui-même, l'homme juste d'Horace en eût été décontenancé. Le discours de M. Rouland ne pouvait donc rien établir et n'a rien établi du tout, si ce n'est que la Banque de France, qui n'était aucunement en

Michel Chevalier

question, est une grande institution où règne un ordre parfait et qui est parfaitement gouvernée, surtout depuis que M. Rouland en est gouverneur. Il a révélé, ce qui ne surprendra pas le public, qu'on sait à un centime près en quoi consiste le mouvement très considérable qui s'y opère en monnaies d'or et en monnaies d'argent. Il a ajouté que les mineurs de Valenciennes, de Saint-Étienne et d'Alais, — qu'à ce qu'il paraît il a consultés, et que nous prenons la liberté de ne pas regarder comme des autorités suprêmes en la matière, — tenaient infiniment à la pièce de 5 francs d'argent. Je crois qu'ils tiennent plus à recevoir un beau salaire, et que, fût-il en or, ils le recevraient avec satisfaction. Au surplus, il ne s'agit point d'abolir cette pièce. Il y aura toujours une pièce d'argent de 5 francs, et le conseil supérieur du commerce de 1869-70, aux conclusions duquel nous nous référons, ne proposait pas de la faire disparaître même sous sa forme et avec sa teneur actuelle. Enfin, quand il a fallu dans sa péroraison frapper un grand coup et faire une impression profonde sur l'esprit des sénateurs, pour que l'illustre assemblée fût pleinement rassurée, voici ce qu'a fait M. Rouland ; dans un élan de patriotisme, il s'est écrié, au rapport de *l'Officiel* : « La commission dans son bon sens vous dit : Nous veillons comme une sentinelle avec le fusil au bras. Eh bien ! s'il y a un danger, nous faisons feu. Sinon, nous restons l'arme au bras, » Pour achever de rasséréner MM. les sénateurs qui peut-être auraient eu des doutes sur les effets stratégiques du fusil si fièrement brandi par M. Rouland, il s'est empressé d'ajouter : « Je puis vous dire que, pour la commission, elle n'a aucune inquiétude. » De sorte que, quand bien même le formidable mousquet viendrait à rater, le sénat et la France peuvent dormir tranquilles.

M. Rouland, cela est clair, garde imperturbablement les idées qu'il vint exposer au conseil supérieur, dans l'enquête de 1869-1870, où il fut entendu comme gouverneur de la Banque. Il était convaincu alors que le rapport de 1 à 15 1/2. entre la valeur de l'or et celle de l'argent était une loi de la nature, une des conditions de l'équilibre du monde ; que les écarts, s'il y en avait, ne pouvaient être qu'insignifiants et passagers. Voici ses paroles tirées des procès-verbaux de l'enquête : « La loi de l'an XI, il est vrai, a établi entre les deux métaux un rapport de valeur qui peut changer ; mais tout examiné, tout compensé, l'équilibre se rétablit toujours entre eux, et à l'heure actuelle le rapport légal est la vérité en fait. » Si M. Rouland avait pris la peine de consulter ses souvenirs historiques, il aurait reconnu qu'il se trompait, que le rapport exprimé par le nombre 15 1/2 ne se rétablissait pas *toujours*, par la raison qu'il n'avait jamais existé de Pharamond à Louis XVI. Mais pour s'apercevoir de son erreur au moment où il parlait, le 23 juin dernier, M. Rouland n'avait qu'à ouvrir les yeux et à regarder autour de lui. Les écarts de ce rapport de 1 à 15 1/2 n'avaient été depuis le commencement du siècle que de 3 à 4 pour 100 au plus ; ils étaient portés à 15. Il était donc fort téméraire en prédisant que le rapport de 1 à 15 1/2 entre les valeurs respectives des deux métaux ferait ©un prompt retour ; au moment même où M. Rouland annonçait que l'argent remonterait, il baissait de plus fort.

Tout différents ont été le langage et l'attitude de M. Léon Say. Il n'a point été hardi, mais la hardiesse n'est pas le rôle d'un ministre des finances. Il a gazé dans ses discours la gravité de la situation, mais il s'est exprimé en homme qui en a conscience. Dans la même séance où M. Rouland avait fait montre de son fusil prêt à partir, afin de protéger le nombre vénéré de 15 1/2, il a prononcé ces paroles : « Je reconnais que, si les circonstances ne changent pas, il faudra bien trouver une solution ; ce qui signifie que, dans son opinion, la loi qu'il avait présentée et qu'on allait voter était un expédient d'une utilité provisoire et non une solution, et puisque les circonstances s'aggravent, c'est une solution qu'il faut chercher et appliquer sans retard.

Or les solutions possibles ne sont pas nombreuses : on n'en peut citer que deux. L'une est celle qu'a indiquée le conseil supérieur du commerce à la suite de l'enquête de 1869-1870 : graviter résolument vers le système monétaire de l'Angleterre, auquel vient de se rallier l'empire allemand : l'étalon unique d'or institué dès à présent, l'argent réduit au rôle de métal subordonné, servant à faire les pièces destinées aux appoints et aux menues transactions ; suspendre immédiatement là fabrication des pièces d'argent de 5 francs dont il y a des quantités surabondantes, et provisoirement, pendant un certain nombre d'années qui serait limité plus tard après que l'expérience aurait été faite, admettre ces pièces dans les paiements jusqu'à concurrence d'une somme qui pourrait être de 100 francs.

Michel Chevalier

L'autre solution serait de s'efforcer de garder l'or et l'argent à côté l'un de l'autre dans la circulation, tous les deux avec l'attribut le plus essentiel de la monnaie véritable, à savoir la puissance libératoire pour les dettes, non-seulement jusqu'à la limite de 50 francs, qui est adoptée pour l'argent en Angleterre et pour le billon d'argent en France, mais quel que soit le montant de la somme due, sauf à remplacer par un autre rapport entre les deux métaux celui de 1 à 15 1/2, qui était sensiblement exact en l'an XI et qui est resté avec cette justesse approximative pendant trois quarts de siècle environ, mais qui est devenu plus qu'incorrect. Pour donner au système de la stabilité, il faudrait rendre fixe une pièce prise pour type qui appartiendrait à l'un des deux métaux. Dans la loi de l'an XI, c'était la pièce d'argent de 1 franc ; tout le monde aujourd'hui, sauf peut-être M. Rouland, reconnaîtrait que désormais ce devrait être une pièce d'or.

Une première difficulté de ce second programme serait de déterminer le rapport qui devrait être substitué à celui de 15 1/2. Impossible aujourd'hui de le fixer une fois pour toutes ou même pour une durée un peu longue, puisque dans le courant de moins d'un mois nous venons de le voir varier de 10 pour 100. Les receveurs des deniers publics seraient induits par les variations que subirait ce rapport à se lancer dans des spéculations dangereuses pour l'état, au moyen des deux métaux qu'ils auraient en caisse. Substituer à un rapport fixe un rapport mobile, — et quelle mobilité ne faudrait-il pas pour se conformer au cours des métaux sur la place ? — aurait de nombreux inconvénients et rencontrerait beaucoup d'obstacles. Le conseil des cinq-cents et le conseil des anciens avaient voulu, sous le directoire, organiser ainsi une mobilité périodique, mais on n'en put trouver une formule acceptable. Lorsqu'on aurait à changer la valeur des monnaies d'argent, relativement aux pièces d'or, procéderait-on en les refondant, ce qui coûterait fort cher si l'on y recourait souvent, ou règlerait-on par une loi que, ces pièces restant les mêmes, leur cours changerait ? L'une et l'autre méthode seraient embarrassantes et incommodes.

Enfin est-il sage, est-il politique, est-il praticable de nous isoler du mouvement qui est commun aux plus grands états de l'Europe et aux États-Unis ? De toutes parts aujourd'hui on se porte vers l'étalon unique d'or en restreignant l'argent à des fonctions accessoires. Pouvons-nous faire autrement, sous peine de susciter des ennuis et des gênes à notre commerce international ? L'or n'a-t-il pas par sa *portabilité* des avantages dignes d'être pris en grande considération dans tous les pays riches, et qui lui ont conquis déjà la faveur publique ? Les états même qui ont l'étalon d'argent reconnaissent la supériorité de l'or en ce sens que, s'ils négocient des emprunts, ils y introduisent la clause que les arrérages seront payés en pièces d'or déterminées d'avance. La force des choses nous ramène ainsi aux conclusions du conseil supérieur à la suite de l'enquête de 1869-1870 et aux mesures qu'il recommande ; sachons en prendre la résolution, puisqu'il le faut.

ISBN : 978-1543271669

Michel Chevalier

www.ingramcontent.com/pod-product-compliance
Lightning Source LLC
Chambersburg PA
CBHW051827170526
45167CB00005B/2189